Rasmus Nyerup

Verzeichnis der in Dänemark 1824 noch vorhandenen Runensteine

Rasmus Nyerup

Verzeichnis der in Dänemark 1824 noch vorhandenen Runensteine

ISBN/EAN: 9783955643607

Auflage: 1

Erscheinungsjahr: 2013

Erscheinungsort: Bremen, Deutschland

@ EHV-History in Access Verlag GmbH, Fahrenheitstr. 1, 28359 Bremen. Alle Rechte beim Verlag und bei den jeweiligen Lizenzgebern.

Verzeichniß

der

in Dänemark 1824 noch vorhandenen

Runensteine.

Von

R. Nyerup

Motto: — duros silices, coeloqve minantia saxa,
Et rigidas valuit cautes abolere vetustas.

Stephanius.

Kopenhagen.
Verlegt von Fr. Brummer. Gedruckt bei C. Græbe.

1824.

Unter einem Titel, der ohngefähr heißen wird: Die Runensteine in Dänemark, li= thographirt und verdolmetscht, wird das Publicum ohne Zweifel binnen Kurzem ein Werk erhalten, welches beydes das Bedürfnis der Wis= senschaft fordert und die gelehrte Welt erwartet. Auch erfodert die Ehre des Vaterlandes, daß ein Unternehmen nicht lange verzögert werde, zu dem so vieles ist vorarbeitet worden, und welches nun endlich zur Ausführung muß reif geworden seyn. Es ist jetzt gerade zwey Hundert Jahre her, seit dem der erste und vorzüglichste Pflegevater des nor= dischen archäologischen Studium, der berühmte Ole Worm, sein magnifiques Werk, Monumenta Da- nica, herausgab, dessen Inhalt das gelehrte Euro= pa in Erstaunen setzte; ein Werk, das, trotz seinen jetzt bekannten Fehlern *) jedem unentbehrlich ist, der sich von dieser, für die Eigenthümlichkeit Skandi=

---

*) Vergl. Ny Samlinger til den danske Historie. III. 110.

naviens so charakteristische, uralte Gattung von Denkmälern, Kenntniß verschaffen will.

Die Fülle der Zeit scheint jetzt gekommen zu seyn, da man mit einem Werke, gleich dem von Worm, aber so ausgesteuert wie der geläuterte Geschmack des neunzehnten Jahrhunderts und eine nüchterne Kritik es erheischen, auftreten könne. Das Grübeln und Forschen eines Paar Sekeln ist unser Erbtheil geworden und in den letzten Zeiten hat die antiquarische Commission ehrlich sich bemüht einem neuen Ole Worm den Weg zu bahnen. Und wer mag der neue Runendolmetscher wol seyn? wird vielleicht Jemand fragen — nun, da der, in dem runographischen Studium unermüdete, [kenntnißreiche Abrahamson nicht mehr unter uns ist? Ich antworte: Magnusen oder Werlauf. Selbst Rask, obgleich er nun seit geraumer Zeit sich damit beschäftigt hat, das indische Sanskrit zu lernen, hat gewiß nicht das vergessen, was er, vor seinen großen Reise, von dieser Sprache, die man mit Fug das nordische Sanskrit nennen kann, verstand.

Es ist nicht zu leugnen, das der Forscher in dem skandinavischen antiquarischen Fache öfters auf Räthseln stößt, die nach Allem, was, die Alterthümer dieser drey nordischen Reiche betreffend, gesammelt und gegrübelt, geschrieben und gezeichnet ist, doch noch nicht völlig gelöst sind. Freilich ist — um bey Dänemark stehen zu bleiben — mit großer Gelehrsamkeit und mit Scharfsinn in vielen Ecken aufgeräumt worden: in dem Capitel von der Edda durch Magnusen, in dem Capitel von den Gesetzen durch Schlegel, von der Sprache durch Rask, von den Sagen durch Müller, von den Donnerkeilen durch S. Thorlacius, von den Hünengräbern durch B. Thorlacius; aber es sind noch mehrere Materien übrig, deren Bearbeitung die jetzige Generation nicht den Nachkommen überlassen sollte. Dazu kann man vor Allen die Aufgabe, unsere Runenmonumente zu lesen, zählen. Es heißt sehr treffend davon in Egilsaga S. 567

„Þat verdr mörgom manni

Er um myrkvan staf villiz,"

welches frei übersetzt bedeutet: es ist nicht eines jeden Sache Runen zu dolmetschen.

Mit welchen außerordentlichen Schwierigkeiten das Lesen der Runeninscriptionen verbunden ist, hat S. Thorlacius in den Antiqvariske Annaler I. 299 — 302 deutlich an den Tag gelegt. Man muß, selbst nachdem Grimm der Welt sein klassisches Werk über deutsche Runen geschenkt hat, und nachdem bey uns die Hrn. Doctores Philosophiæ J. H. Bredsdorff und G. Brynjulffen den Ursprung der Runenschrift neulich nachgeforscht haben, noch in Jahre 1824 sagen, was Schlözer 1771 in Allgem. nordische Geschichte S. 213 erklärte: „Die Runen in Skandinavien „sind uns noch immer ein Räthsel; wir wissen nicht, „wo sie herstammen, um welche Zeit sie nach dem „Norden gekommen sind, und ob sie den Wenden „an der Ostsee bekannt waren." Daher muß man mit Dahlmann einstimmen, wenn er in seinen, 1822 herausgekommenen Forschungen S. 164 behauptet, daß die Acten in der die Entstehung und Fortpflanzung der Runen betreffenden Sache, bey weitem noch nicht geschlossen sind. Indessen dürfen die Schwierigkeiten uns nicht abschrecken, einem Studium unsere Aufmerksamkeit zu widmen, dessen hoher Grad von Wichtigkeit und Interesse jedem Bewohner des Nordens von selbst in die Augen springt. Demjenigen, der der Materie Leere und Unfruchtbarkeit vorwerfen mögte, kann man auf Fahle Burman's Aeußerungen in Nova Acta Upsal. V. 275. sowohl als auf Abrahamsons Abhandlung von Merkwürdigkeiten an Runensteinen, in Antiqvar. Annal. II. 85—156, verweisen.

Niemals hat derjenige, der diese Zeilen schreibt, es versucht „Runen zu rathen" *) oder diese unsere merkwürdigen Steinmonumente zu entziffern, indem runologische Untersuchungen außerhalb seiner Sphäre liegen **). Dagegen hat er gesucht zu dem Ziele hin zu arbeiten, daß unsere Runenforscher Codices zu studieren bey der Hand haben konnten ohne genöthigt zu seyn von einer Provinz zur andern herum zu streichen. Es war nach seinem Vorschlage, daß der Ordenskanzler, Graf Moltke, der große Wohlthäter des antiquarischen Museum, und so vieler andere wissenschaftliche Institute, mit höchster Genehmigung, den Tryggevældestein von Walløe hieher nach der Residenz, wo nun künftige Worme in Bequemlichkeit ihre Forschungen anstellen können, bringen ließ. Auch war er nicht ruhig, bis es der antiquarischen Commission gelang, den gewaltigen Tirstedstein der zu Nysted in Laland begraben lag, hieher zu führen. Durch

---

*) Dänisch: råde, obsolet, anstat: „erklären."

**) Er sagt wie Peder Syv in einem Briefe an Otto Sperling: „Ego ingenium in his abstrusis defatigare nolo, ne, infelici successu insipidum aliquid extorquens, meipsum prostituam."

die Aufstellung dieser beyden großen und verschiedener kleiner Runenmonumente bey der Rundenkirche, hat das runographische Studium von Neuem hier zu des Königs Friedrich des sechsten Zeit, so wie vormals zu des Königs Friedrich des dritten, Heimathrecht gewonnen.

Nachdem Worm mit seinem genannten Hauptwerke über die dänische Runensteine fertig geworden war, unterließ er doch nicht noch fernere Schritte zur Förderung dieses seines Lieblingsstudium zu machen. Oft genug hatte er bey der Ausarbeitung seines Werks, empfunden und erfahren, wie mißlich es ist, bey solchen paläographischen Untersuchungen, auf Copien und Zeichnungen, von Männern, die in diesem Studium uneingeweiht waren, verfertigt, sich verlassen zu müssen. Damit nun entweder er selbst oder seine sprachkundigen isländischen Amanuensen mögten in den Stand gesetzt werden, die ihm so theuern Denkmäler des Alterthums gründlich studieren zu können, vermochte er den für alles Wissenschaftliche enthusiastischen König Friedrich den dritten, einige von ihnen hieher nach der Hauptstadt bringen zu lassen.

So wie Niemand im botanischen Studium es weit bringen kann, ohne selbst herbatim zu gehen, und so wie Niemand ein geschickter Anatom wird, der nicht selbst das Scalpell zur Hand nimmt, so wird Niemand diese Steinschriften vollkommen lesen können, wenn er nicht alle Löcher und Risse, alle Hervorragungen und Unebenheiten, welche die Deutung der Inscriptionen erschweren, beschauet und befühlt, und wenn er nicht den zur Erblickung der verwischten Runen bequemen Zeitpunkt, wenn die Luft heiter ist und das Monument die zu ihrer Dechifrierung vortheilhafteste Beleuchtung hat, wahrnimmt. Zur Förderung eines solchen gründlichen Runenstudium schaffte Worm, wie gesagt, einen bedeutenden Vorrath von Runenmonumenten herbey, und so wie die Pergament= und Papir=Codices in der Universitätsbibliothek über der Trinitatis=Kirche aufbewahrt wurden, so wurden diese Steinhandschriften auf den Trinitatis Kirchhof aufgestellt. Thomas Bartholin, wenn er in seinem Buche de libris legendis S. 90 dieser Wormschen hier aufgestellten Runenmonumente erwähnt, äußert, daß, weil sie nun nicht der Einwirkung von Feuchtigkeit und Regen ausgesetzt wären, und nicht von Motten und Würmern verzehrt würden, so könnten die in ihnen eingegrabenen Charaktere ewig dauern. Doch — als ahndete es ihm, was geschehen wür=

de — fügt er hinzu: „Uebrigens verzehrt die Flamme Alles, beydes Bücher und Steine. Welche Gewalt das Feuer selbst über Stein haben kann, weis ich aus eigner Erfahrung. Als mein Hof, Hagested, abbrannte, wurden die großen Quadersteine, die dem Hause zum Fußgestell dienten, von der lodernden Glut so mürbe gemacht, daß sie abschupten und entzwey gingen". In dem großen Copenhagener Brande 1728 da die Trinitatis-Kirche abbrannte, haben sicherlich die auf dem Kirchhofe stehenden Runensteine einigen Schaden erlitten. Diese partielle Beschädigung mag wohl möglich Veranlassung zu dem bekannten Raube gegeben haben, den der Küster Søren Matthiasen beging, indem er diese nationale Denkmäler spalten und zu einem Hause, das er sich in der Strasse, Landemærket genant, erbauete, verwenden ließ *). Von 12

---

*) Der Hypothes, daß die Runensteine durch das Feuer können ramponirt worden seyn, wird hier angenommen, um einigermaßen die Möglichkeit dieses Bubenstücks begreiflich zu machen. Daß das Factum statt gefunden, wurde zuerst vom Herrn Etatsrath Engelstoft in dem Blatte Dagen 1807 No. 27 bekannt gemacht. Vergl. Antiquar. Annal. III. 84:86.

Runensteinen, die, mit nicht geringer Mühe und vielem Kostenaufwande, nach Copenhagen *) waren gebracht worden, gingen die 9 auf diese Weise verloren. Die drei, die übrig blieben, standen nachher viele Jahre auf dem Kirchhofe dem Thurme angelehnt, Regen und Glatteis ausgesetzt, bis Herr Etatsrath N. Kall, als Kirchenpatron, sie innerhalb der Kirchenthüre hinlegen ließ. Diese haben nun nachher zum Stamm für den neuen Apparat von Runensteinen gedient, den die antiquarische Commission, ganz im Geiste eines Ole Worm, eines Christian Friis, und Friedrich des dritten, hat hieher bringen und in und bey'm Rundenthurm aufstellen lassen.

Diese Sammlung, vom 19ten Jahrhundert, kann sich nicht allein mit jener des 17ten Jahrhunderts, rücksichtlich der Zahl der Monumente, messen; sondern sie übertrifft bey weitem jene Wormsche, wenn der Alterthumsforscher sein Augenmerk auf die inhaltreichen, so sehr umfassenden Inscrip-

---

*) Sie werden in den Suhm'schen Ny Samlinger til den Danske Historie. Bd. I. Heft. 2. S. 112—13 aufgezählt. Vergl. Nyerup om Oldsager. S. 150—53.

tionen richtet. Dieses wird recht einleuchtend werden, wenn erst jenes erwähnte Prachtwerk erscheint, und daß dieses nicht lange anstehen werde, dessen hege ich, wie oben gesagt ist, die sicherste Hoffnung. Freilich wurde vorhin schon auf eine Menge Schwierigkeiten, womit die Ausarbeitung einer solchen Schrift verbunden ist, hingedeutet; auf der andern Seite muß man aber auch gestehen, daß gewisse Umstände eingetroffen sind, die eine Arbeit, die bloß die jetzt existirenden dänischen Runensteine darstellen soll, beträchtlich erleichtern. Dazu gehört ihre kleine Zahl in Gegensatz zu Ole Worms Zeiten. Hätte Worm eine neue Ausgabe seiner Monumenta Danica erlebt, würde er die Kränkung erlitten haben, einen Strich über alle Runensteine in Schonen, Halland und Bleking, inclusive auf Gothland, machen zu müssen, die alle eine Bereicherung des schwedischen Bautil geworden *). Und nun das fatale Jahr 1814, das

---

*) Wenn Burman in Acta Upsal. V. 274 zeigen will, daß die Schweden durch die Menge Runensteine, die ihr Land aufzuweisen hat, aufgefordert werden, vor den andern Skandinavern, sich auf die Runenliteratur zu legen, bemerkt er, daß man in Schweden wohl an

Dänemark um Norwegen brachte! Dadurch gingen etwa ein halbes Hundert Runenmonumente über in die Behandlung eines Arendt's, eines Klüver's, eines Sjöborgs, und andrer norwegischen Antiquaren, und der künftige dänische Runograph hat nun nichts mit ihnen zu schaffen. Weil Krieg und Politik nun also die Zahl der **dänischen** Runensteine auf etwa den dritten Theil dessen, was sie war, als Worm's Monumente ans Licht traten, herabgesetzt haben, kann man den noch übrigen Vorrath, der ohngefähr ein halbes Hundert machen kann, um so leichter übersehen und um so geschwinder beschreiben *).

---

zwölf Hundert hat, während ganz Dänemark und Norwegen zusammen kaum zwey Hundert zählen.

*) Der gemeine Mann wirft im Allgemeinen nie die Augen auf einen Runenstein, ohne in Gedanken zu berechnen, in wie fern er, wenn er gespalten oder gesprengt wurde, zum Fundament in einer Scheune, zu einem Heckpfahl, oder in einen Steinwall zu setzen, dienlich seyn könne. Es ist daher hohe Zeit, daß die geringe Anzahl dieser Denkmäler, die noch übrig sind, bald in Kupfer gestochen oder lithographirt und umständlich beschrieben werden. Wenn dann, nach einigen Jahrhunderten, von der Eider bis nach Skagen kein Ru-

A. Runensteine in Copenhagen.

Von den 50 dänischen Runenmonumenten finden sich elf in der Hauptstadt, und sind dort unten vor dem Museum für nordische Alterthümer, die gegenwärtig in einem Sahl über der Trinitatis-Kirche aufbewahrt werden, aufgestellt. Der Tryggevældestein und die zwey Laländische stehen auf dem Kirchhofe, der Giesingholmstein steht in der Kirche, und die andern finden sich in den Nischen in Thurm-Aufgange, der nach dem Observatorium, nach der Universitäts-Bibliothek, und nach dem erwähnten antiquarischen Museum führt. Die wichtigsten unter ihnen sind unleugbar:

1) Der Tryggevældestein, der in den Schriften der Skandinavischen Literatur-Gesellschaft für 1809 in Kupfer gestochen und ausführlich beschrieben ist.

2) Der Tirstedstein von Laland, über dessen Verdolmetschung viele Runographen geschwitzt haben, und wovon es noch heißen muß: grammatici certant.

---

nenmonument zu finden ist, hat die Nachwelt sie doch in Abbildungen in Büchern.

3) Der Snoldelevstein, den Worm nicht gekannt hat. Er wurde in Kupfer gestochen zum 1ten Bande der antiquarischen Annalen, und unsern beßten Runenerklärer S. Thorlacius und Abrahamson, Werlauf und Magnusen bemühten sich beydes seine Worte und seine Hieroglyphen zu deuten.

4) Der Sœrupstein von Führen, der ebenfals Worm unbekannt war. Von demselben lautet eine im Jahre 1816 geschriebene Erklärung des Professor Rask folgendermaßen; „Dieser Runenstein zu lesen wird ohne Zweifel immer höchst schwierig bleiben, indem er am Eingange zur Kirche gelegen hat, wodurch viele Runen weggetreten sind, und besonders weil er auch an sich scheint nachläßig gehauen zu seyn. Die Wörter sind nämlich größtentheils nicht getrennt, zuweilen geschieden durch ein Kreuz oder x, mitunter durch zwey Punkte, was das gewöhnliche ist. Hierzu kommt, daß er zusammengezogene oder gebundene wie auch durchstrichene Runen hat, welches Alles von einem spätern Zeitalter zeugt. Man kann daher auch hier keine reine oder grammaticalisch genaue Sprache, die beständig mit dem Alter der Steine abnimmt,

erwarten. So viel ist indeß deutlich, daß das Lesen von der linken Seite oben anfängt, und daß die Runen so nach mit ihrem oberen Ende einwärts und mit ihrem untern Ende auswärts gekehrt sind; darauf wird die Zeile auf der rechten Seite von unten herauf gelesen, also eine Art βεϛροφηδον; und zuletzt die dritte Zeile auf der rechten Seite des Steins. Daß diese Zeile die letzte sey, wird als wahrscheinlich angenommen, obgleich der Inhalt desselben unbekannt ist, weil die flache Seite, die mit Kreuzen und andern Figuren geschmückt ist, die Hauptseite und mit zwey Zeilen versehen ist; man würde daher wohl nicht seine Zuflucht zu der unebenen Seite genommen haben, bevor der Platz auf der Hauptfläche zu klein geworden war.

Aus den Characteren oder der Inschrift habe ich noch nicht mit einiger Gewißheit ein ganzes Wort oder einen Namen herausbringen können, ausgenommen ᚼᛁᚼᚾ oben auf der zweyten Zeile, wo ᚼ nach einer nicht ungewöhnlichen Runenrechtschreibung, wie sich 's auch auf den der königlichen antiquarischen Commission gehörenden norwegischen Runenstäben findet, anstatt ᛦ steht, und wo man also ziemlich deutlich den alten dänischen Frauenzimmernamen Signe, isl. Signy' (oder Signi) wiederfindet. Es ist indessen keinesweges unwahrscheinlich, daß man bey längerer Betrachtung, genauerer Vergleichung mit andern von der nämlichen Rechtschreibung und durch Hülfe der vielen einzelnen deutlichen Runen mehrere Wörter und möglich die ganze Inschrift wird herausbringen können; da er zum Glück jetzt nach einem Orte gekommen ist, wo er täglich sowol von den gelehrten Mitgliedern der königlichen Commission als von jedem andern Kenner kann beschauet und studiert werden."

Hier ist noch zu bemerken daß der Runensteinapparat hier in der Stadt im Jahre 1822 einen Zuwachs von einem Fragmente eines Runensteins erhalten hat. Das Stück enthält die drey Runen: Purs, I's und Sól und dabey das Wort Christus abgebildet im Monogram nach seiner ältesten Form. Es ist auf der Straße zu Bårse hier in Seeland gefunden worden. Indem der Pastor loci, Herr Hensemann, es der antiquarischen Commission zusandte, berichtete er, daß nicht die geringste Hoffnung da sey, daß der Rest des Steines sich entdecken lasse, indem die Steinbrücke, wo das Stück gefunden wurde, ein Ueberrest der alten Wegeanlage zu den Zeiten der Waldemare war.

B) **Runensteine auf dem Lande in Seeland.**

Außerhalb der Hauptstadt hat man auf Seeland nur zwey Oerter, wohin sich zu wenden um Runenmonumente zu sehen, nämlich Alsted und Sandbye. Beide sind sie unbedeutend; doch gewährt Ersteres rücksichtlich des Lokals einiges Interesse. Es ist die Gegend, welche die Sage, bey Saro angiebt, daß sie der Schauplatz für die unglückliche Liebe Signe'ns und Habors gewesen, und, weil von dem Steine nicht viel zu sagen war, verbreitere Worm sich ausführlich über diesen tragischen Stof, der, wie bekannt, von alten Zeiten ein Lieblingsthema in Skandinavien war. (vid. Wormii Monumenta p. 133-38.)

C) **Auf Fühnen.**

Begiebt man sich nach Fühnen um die dortigen Runensteine in Augenschein zu nehmen, so begegnet einem der Umstand, daß von denen deren Worm erwähnt, (sie sind fünf außer der Julskovsäule) kein einziger übrig ist. Statt dessen sind zwey neue entdeckt worden, die Worm nicht gekannt hat; der Glavendrupstein und der Næråstein. So unbedeutend der letztgenannte ist, so überaus merkwürdig ist der Erstere. Er hat eine ausführliche Inscription, deren Inhalt bemerkenswerth ist, und deren Deutung zu neuen wichtigen runologischen Resultaten geführt hat. Seine Entdeckung und Bekanntmachung verdanken wir ursprünglich und besonders dem Herrn Professor Wedel-Simonsen. Das Monument wurde in Kupfer gestochen in den Schriften der Skandinavischen Literatur-Gesellschaft für 1806 Bd. 2 und von Abrahamson erläutert. Zu seiner Auslegung fügte Werlauf, zum Theil von seinem Lehrer Justizrath Thorlacius unterstützt, „curae posteriores" in den Schriften für 1807 Bd. 2 hiezu. Und endlich vermehrte Rask diese durch einige Epilegomena in Minerva für 1808.

D. Auf Laland.

Auf Laland sind auch zwei Runenmonumente, so wie wir auf Seeland und auf Fühnen zwei fanden. Von dem einem der laländischen, nämlich dem Tillöse-Monumente, wird in der Collegial-Zeitung für 1821 S. 89 berichtet, daß es zugleich mit dem von Tirsted nach Copenhagen gebracht worden sey; dies ist aber eine Verwechslung. Es war der Bregningestein, der dem Steine von Tirsted Gesellschaft herüber nach dem Trinitatis Kirchhofe leistete. Bey seinen Wanderungen auf

Lalaud im Jahre 1822 hat Herr Arendt eine neue Abschrift von dem Tillidse=Stein genommen, die richtigere Lesearten als die von Worm hat.

E. In Jütland.

Von dem Asfergstein im Stifte Aarhus, so wie von den Steinen bey Hune und Lyngbye in Aalburg Stift wird in dem zu erwartenden Nationalwerke schwerlich viel zu sagen seyn.

Eine weit reichere antiquarische Aerndte gewährt dagegen Wiburg Stift, wo sich in der einem Mendelsom=Harde nicht weniger als fünf Runensteine finden. Ärs=Harde hat zwe und Fleskum=Harde drei. In der ebengenannten Harde liegt noch auf dem Felde des Dorfs Gunderup jener merkwürdige Stein, worauf Worm (Pag. 319) Balder und König Snio fand. Ich sage, daß er da noch liege, denn es ist schon mancher Tag her, seit Sr. Excellenz der Graf Schimmelmann als Besitzer der Grafschaft Lindenburg, worunter Gunderup gehört, ihn dem Nationalmuseum schenckte. Die antiquarische Commission hat noch nicht Gelegenheit gefunden, ihn herüber transportiren zu lassen; welches denn auch keine so ganz leichte Sache ist, denn er ist ziemlich groß, und es sind ein Paar Meilen Weges nach dem nächsten La=

dungsplatze. So viel weiß man, daß, wenn endlich der Stein hieher kommt, werden unßere Runenmeister vergebens Balder und Sulo suchen. Sie waren schon fort, als Abildgaard auf seiner archäologischen Reise in Jütland nach dem Platze kam, und eine Zeichnung vom Monumente aufnahm.

Die Zahl der Runensteine in Ripen=Stift ist wohl kaum so groß wie die in Wiburg; aber was an der Zahl fehlen mag, wird reichlich ersetzt durch das $1\frac{1}{4}$ Meile von der Stadt Weile entfernt liegenden
Jellinge=Monument,
welches die Krone aller Runenmonumente in Dänemark ist. Es steht da — einzig in seiner Art, mit seinen historischen Namen, Namen von fürstlichen Personen, die einen hohen Rang in den Jahrbüchern des Vaterlandes haben. Bey der Betrachtung desselben wird man gleichsam in die Mitte zwischen der alten und der neuen Zeit versetzt. Man sieht die gewaltigen Hügel, womit Odin befohl, das Andenken der verstorbenen Helden zu ehren, man sucht die Schrift, die Odin und sein Gefolge von Asien nach dem Norden mit sich brachten, zu entziffern, und man wird durch Inscriptionen belehrt, daß der Zeitpunkt vorhanden war, da die Asalehre dem Christenthume weichen mußte.

Das Monument ist übrigens, so zu sagen, vierfach, nämlich zwei dicht an einander stehende Hügel von ungewöhnlich großem Umfange und zwei auf dem Kirchhofe, bey diesen Hügeln, neben einander aufgestellte ungleich große Runensteine. Von jenen weiß man durch Saro und Svend Ågesen, daß sie von des Harald Blåtands Zeiten herstammen, und von diesen kann man wohl mit Langebek annehmen, daß sie, wenn sie nicht älter sind, wenigstens von den Zeiten des Svend Estrithsen herrühren. Als der brave Caspar Markdanner 1586 die jellingschen Runensteine aus der Nacht der Vergessenheit hervorrief, hielten sich hier zwei fremde Minister auf, die beyde die Wissenschaften liebten, Dancey von Frankreich und Rogers von England. Sie standen gleichsam Gevatter zu dieser Entdeckung, und halfen, zugleich mit dem gelehrten Henrik Ranzov, kräftig, daß das Gerücht davon in Schrift und im Druck eilig sich über ganz Europa verbreitete. Von der Zeit her ist das Monument stets von einer archäologischen Glorie umgeben gewesen, worin Dahlmanns hönischer Seitenblick in seinen Forschungen S. 165-66 schwerlich eine bedeutende Scharte machen wird. Man kann sicher darauf rechnen, daß es seinen ausgezeichnet ehrenvol len Platz unter den alterthümlichen Denkmälern des Nordens so lange behaupten werde, bis die Namen Gorm und Thyre Dannebod gänzlich aus der Chronik verschwinden. Die Auslegung der Inscription auf dem Stein, der der größte ist, wo es unter anderen heißt, daß Harald die Hügel nach seinen Aeltern aufführen ließ, hat nun über zwei Jahrhunderte unsere Alterthumsforscher beschäftigt, und sie werden noch lange zu grübeln haben. Durch die von Zeit zu Zeit durch Abildgård, Arendt, Werlauf und den Landinspector Ellung angestellten Untersuchungen, ist es endlich so weit gekommen, daß Harald's vermeintliches Prädicat Keiser sich nicht mehr auf dem Steine sehen läßt. Da dieser Ausdruck, der, seit Ole Worm's Zeiten, unsern Runenforschern so viel Kopfbrechen gemacht hat, nun nicht länger dem Exegeten Hindernisse in den Weg legt, kann man hoffen, daß die Inschrift sich nun leichter verdolmetschen lasse. Eine kurze Uebersicht der Literatur dieses Monuments lieferte ich S. 125=37 in dem von mir 1806 herausgegeben Buche von den alterthümlichen Denkmälern des Vaterlandes. Vom Jahre 1820 fängt eine neue Periode in der Geschichte des Monuments an; denn ein Zufall und der patrio-

sche Eifer des Geheimeconferenzraths Bylow für die
Alterthümer des Nordens, in Verbindung mit den
Veranstaltungen der antiquarischen Commission ma=
chen Epoche.

Die ausführliche Nachricht von den neuen in
Jellinge gemachten Entdeckungen, so wie von der
neuen von Prof. Magnusen herausgebrachten Lese=
art einer schwierigen Stelle der Inschrift findet man
theils in Magazin for Reiseiagttagelser,
Bd. 3 Hefte, theils in Antiqvar. Annaler s.
4 Bd. 1 Heft.

Nachdem wir den geneigten Leser auf diese
beiden Werke verwiesen haben, verlassen wir Jel=
linge, um die übrigen Runenmonumente im Stifte
Ripen die einiges Interesse haben könnte, zu bese=
hen. Zuerst stoßen wir nun auf den Bækkestein.

Dieser Stein wurde 1810 in der Kirchenmauer
zu Bække in Andst=Harde, des Amts Ripen, ent=
deckt und Abbildung der Inschrift der antiquari=
schen Commission von dem damaligen Candidaten
jetzigen Prediger zu Modum im Stifte Aggers=
hus, Essendrup mitgetheilt. Rask las sie folgen=
dermaßen: „Rafunga Tufi, Fudir und Knubli, diese
drei machten Thyre's Hügel." Nach Worm Pag.
340 und dem Dänischen Atlas VII Pag. 962

liegt eben auf dem Felde des Dorfs Bakke ein sehr großer Stein mit eingehauenen Löchern, welchen man für den bey Saxo und Svend Ågesen erwähnten, hält, und der von Harald bestimmt war, nach Thyre's Grabmal bey Jellinge gebracht zu werden.

Der Stein bey Læburg Kirche in Malt = Harde, Amts Ripen, berichtet, daß Rafn und Tufi die Runen über ihre Drotning eingehauen hatten. Worüber Worm Pag. 439 und Arnkiel's Cimbr. Heidenreligion S. 335 nachzusehen sind. Hier hat nun Worm Pag. 441 einen andern Bericht über diesen ungeheuren Stein, den Harald so gern nach dem Grabe seiner Mutter wollte gebracht haben.

Bemerkungswerth genug ist es, was Worm loco cit. erzählt, daß der Canzler Friis vermuthete, daß die Runen, worauf Rafn und Tufi sich etwas zu Gute thaten, daß sie dem Andenken ihrer "Drotning" geweiht hatten, sich möglich auf der unterwärts gekehrten Seite eines dortliegenden unmäßig großen Steins finden könnten. Er ließ die Bauern zusammenkommen um dabey zu helfen ihn wegzubringen. Diese gruben eine große Höhle um den Stein herum, um die Erde, die ihn umgab, bey Seite zu räumen. Sie konnten aber auf keine Weise ihn von der Stelle bewegen. Dadurch ist — sagt Worm — alle Hoffnung jemals zur genauern Kenntnis dieses Monuments zu gelangen, verschwunden.

So kleinmüthig war Abildgård doch nicht, als er auf seiner antiquarischen Reise diesen Stein in Augenschein nahm. Er glaubte, eben so wie der Canzler, daß die untere Seite wohl Runen haben könne; aber um ihn umzuwerfen, dazu fehlte es ihm an hinreichendem Beistande. Er proponirte, daß dieses Umlegen unter Aufsicht eines solchen Mannes als des Capitain Teilmann auf Endrupholm, möchte vorgenommen werden. Es geschah damals nicht, ebenso wenig als zu Christian des vierten Zeiten. Jetzt könnte vielleicht die Commission für die Alterthümer so glücklich seyn zu veranlassen, daß die Aufsicht über die antiquarische Untersuchung dieses Steins dem Hofjägermeister Teilman auf Nørholm, übertragen werde, der auf seiner Reise in Island, mit der größten Bereitwilligkeit, auf den Wunsch der Commission, auch auf die Alterthümer des Landes Rücksicht nahm.

Außer dem Runensteine bey Læburg ist ferner in Maltharde der Føvlingstein, der bey Worm P.

442 eine und im danske Atlas V. 692 eine ganz andere Auslegung erhält.

Wenn nun endlich hier noch der Stein bey der Kirchenpforte zu Oddum in Osterharde, Amts Ripen, den Worm S. 323 und der Atlas V. 740 nennt, so ist im Stift Ripen kaum noch einer von der Wichtigkeit, daß er es verdiene einen Platz in dem neuen kritischen Werke über unsere Runensteine zu erhalten.

F) **Im Herzogthum Schleswig.**

Hier ist die Zahl der Runensteine äußerst gering, und geht man weiter nach dem Süden zu den Herzogthümern Holstein und Lauenburg, so hören sie gänzlich auf. Der unermüdete Alterthumsforscher Arnkiel bedauert in Cimbr. **Heidenbegräbnisse** S. 330, daß in Schlesvig und Holstein alle Monumente dieser Art waren zerstört worden, so daß keine Spur von ihnen übrig sey.

Ohngefähr hundert Jahre nach dem Arnkiel auf diesen archäologischen Mangel aufmerksam gemacht hatte, geschah es doch daß im Schleswigschen zwei Runensteine entdeckt wurden, von welchen besonders der eine im höchsten Grade merkwürdig ist. Zuerst wurde diese interessante Entdeckung in einer anonymen, mit Fleiß ausgearbeiteten

Schrift: Beschreibung und Erläuterung zweier in der Nähe von Schleswig aufgefundenen Runensteine. Friedrichstadt 1799. 8vo. beschrieben. Nachher gab der vorzüglichste Kenner der Runensprache, der Justizrath Thorlacius, im 2ten Bde. der Antiquariske Annaler eine neue gründliche, mit ausgezeichnetem Scharfsinne durchgeführte Auslegung, der zufolge das Alter des Steins auf den Schluß des zehnten Jahrhunderts angesetzt wird.

Nach der jetzigen Eintheilung des Landes gehört der Runenstein bey Immervad im Kirchspiel Vidsted Gramharde Amts Hadersleben nun zu Süder-Jütland. Zu Worm's und Arnkiel's Zeiten lag er in Ripen-Stift. Die Inscription darauf ist so kurz wie möglich; sie besteht nämlich aus einem einzigen Worte. Wenn man ließt was von diesem einzelnen Worte geschrieben ist, von Worm S. 342=44 von Arnkiel S. 332=33 und von Dyssel in seiner Indenlandsreise S. 15:17 kann man nicht umhin, sie mit Köchen zu vergleichen, die Suppe auf ein Wursthölzchen zu kochen verstehen.

G. Auf Bornholm.

So wie die Alterthümer dieses Landes im Allgemeinen der antiquarischen Commission genauer bekannt sind, als die Alterthümer irgend einer andern dänischen Provinz, so wird auch der Herausgeber des Werks über unsere Runensteine Ueberfluß an Notizen von den bornholmschen Steinmonumenten haben. Freilich sind diese nicht von Abildgård gezeichnet worden; man hat dagegen Notizen von ihnen bey Thurah in seiner Beschreibung von Bornholm. Was bey diesem letzteren an Genauigkeit fehlt, wird vollkommen durch die der Commission vom Herrn Lieutenant Jansen in Handschrift zugesandten: Tegninger af de på Bornholm værende Runestene, samt Forklaring over i hvad Tilstand de befandtes at være i Året 1819, ersetzt. Hier sieht man ein halbes Stieg Runensteine, von denen die acht bey Worm und Thura vorhanden sind, und zwey sind noch nicht herausgegeben.

Mehrere von diesen bornholmschen Runenmonumenten hat der Secretair der antiqvarischen Commission, Hr. Canzleyrath Thomsen, in Augenschein genommen, und von ihm herrührt eine mir gütigst mitgetheilte Designation, wovon ich hier einen Auszug liefere.

In Westerharde:

No. 1. im Ny Larskær Kirchspiele am Eingange in der Kirche ein Stein, der bey Worm Pag. 228 abgebildet ist, aber sehr fehlerhaft. Etwas besser ist das Kupfer bey Thura Tab. V. No. 1. Es ist gar kein Zweifel, daß Jadilu bey Worm, Fadur heissen soll, und das darauf folgende Wort nich Sunar, sondern sin — a. Auch ist modur eine falsche Leseart.

No. 2. Dicht bey den obengenanten findet sich der bey Worm Pag. 229 bey Thura Tab. V. Fig. 4 abgebildete.

No. 3. Im Vestermarie Kirchspiele, bey dem 31sten Bauerhofe, ein zerbrochener Runenstein, den weder Worm noch Thura gekannt haben. Man hat nur einzelne Wörter darauf dechifrirt.

In Norder-Harde:

No. 4. Im Clemenskær Kirchspiele ein groser Stein (die Länge 6 Ellen, die Breite 2) von dem weder Worm noch Thura gewust haben. Die Innschrift besagt, daß ein Sohn diesen Stein zu dem Gedächniß seines Vaters, seines Bruders, und seiner Mutter aufrichten lies.

No. 5. Im nehmlichen Kirchspiele der Stein

bey Worm Pag. 231 bey Thura Pag. 99=100. Tab. IV. No. 6 ist nun beynahe unleserlich.

(Von dem Steine, wovon bey Thura Pag. 98=99 die Rede ist, findet sich nun keine Spur.)

6) Im Rö Kirchspiele.

Fragment eines Runensteins, wovon siehe Thura P. 114.

In Ostharde.

7) Im Østerlarsker Kirchspiele. Von dem hier befindlichen Steine s. Worm Pag. 235. Thura P. 56.

8) Im Østermarie Kirchspiel. Hier liegt noch als Brücke über einen kleinen Fluß, in einem dem Hofe Bohlshavn zugehörigen Stück Ackerlande, der Runenstein, den Worm S. 236 hat abbilden lassen. Thura erzält S. 58, daß sein Zeichner ihn nicht hat ausfündig machen können.

9) Åker Kirchspiel. Hier findet erstlich derselbige Fall stat, wie mit dem letztgenannten Runenmonumente. Thura ließ den bey Worm P. 226 abgebildeten Stein vergebens suchen, und doch liegt er auf der Stelle, den Worm bezeichnet hat, nemlich als Brücke über die sogenante Grodby=A. (vid. Thura S. 86.)

10) Der Runenstein, den Worm auf dem

Felde, als Brücke über einen Bach, Thura aber S. 85, im Hofe des Predigers zu Åker vorfand, hat die antiquarische Commißion bey der Kirche aufstellen laßen. In der Inschrift steht nicht, wie Worm und Thura haben, sattu, sondern ristu. Der Name des Vaters ist nicht Isrgori, sondern Isbjörn (vielleicht Asbjörn.)

11) Hier muß es billig heißen: laus in fine; denn mit diesem No. bezeichne ich das in den Antiquarischen Annalen IV. B. 1stes Heft in Kupfer gestochene und beschriebene Taufgefäß. Diese Runeninscription ist besonders merkwürdig wegen ihres größern Umfanges und in Rücksicht der Sprache, da hier Gegenstände besprochen werden, die in den gewöhnlichen Runenmonumenten, die immer Bautasteine zu seyn pflegen, selten vorkommen.

H. Auf Island.

Verzeichniß einiger noch in Island übrig gebliebenen Runensteine, mitgetheilt vom Professor Finn Magnusen, der königl. dän. antiquarischen Commißion Mitgliede.

1) Für den merkwürdigsten und ältesten von

allen Runensteinen des Landes, hat man bishero denjenigen angesehen der des berühmten jungen Helden Kjartan Olaffon's Andenken gewidmet ist. Er fiel vor meuchelmörderischen Händen, in der Blüthe seiner Jugend, im Jahre 1003 oder 1004, kurz nach seiner in Norwegen geschehenen Annahme der christlichen Religion. Nach der alten Erzählung Laxdæla Saga ward er bey der Kirche zu Borg (in dem jetzigen Myre Süffel) (Harde oder Vogtei) die dann erst vor kurzem gebaut war, beerdigt, und noch jetzt ist sein Leichenstein dort zu sehen. Die Runenschrift darauf ist in Kupfer gestochen, in Olaffens und Povelsens Reise durch Island, Tab. 17, zu des dänischen Originalwerks 1,255-56; — vergl. Finni Johannæi Historia ecclesiastica 1,82 und Rahbeks dänische Uebersetzung von Laxdæla in seinen Nordiske Fortællinger. (Khvn. 1821.) 2,328. — Dieser Runenstein ist älter als die vollständige gesetzliche Einführung der christlichen Religion in Island. Der leserliche erste Theil der Inschrift enthält die kurzen, aber bündigen, Worte: Her ligger halr Kjartan ⸫ Hier liegt Kjartan der Held. Die jetzt ausgelöschten hat man so zu entziffern versucht: Feck kif af sári deydi ⸫ er bekam Ha=

der und starb von seinen Wunden; oder fyri svik. Vor Verrätherey starb er u. s. w.

2) Noch älter ist doch die Inschrift auf einem Lavasteine, bey dem Hofe Fleckuvik in Gullbringe Süssel. Nach einer Zeichnung (die vor kurzem der antiquarischen Commißion zu Kopenhagen zugeschickt wurde) enthält sie nur diese kurze Zeilen:

✳ ✳

Vielleicht das sonst gewöhnliche H(ér) h(vilir) ɔ: hier ruht — hic jacet; und dann ein sonst unbekannter Nahme

ᚠᛚᛖᚴᚴᚨ

Flecka, oder Flekka — wovon doch ohne Zweifel der vorgenannte Hof den seinigen bekommen hat. Der Stein ruht auf einem Grabhügel, und ist, wie es jezt historisch erweislich scheint, von des Landes ächt heidnischer Zeit, namentlich dem 9ten oder 10ten Jahrhunderte.

3) Ein Leichenstein auf dem Kirchhofe zu Hvamm in Myre Syssel, in demselbigem kurzen alten Stil: Hèr hvílir (hier ruht Sæmundr Gamlason. Siehe Olaffens Reise l. c. Die Verfasser meinten, daß der Stein aus dem 12ten oder 13ten Jahrhundert wäre; vielleicht ist er noch älter.

4=6) Zu Hallbjarnareyri in Snæfellssysla sind nicht weniger als drey Runensteine zu sehen. — Alle drey enthalten sie Grabschriften, wovon die eine ganz gewiß aus der katholischen Periode stammet. S. Henderson's Iceland (Edinburgh 1818) II, 57. wo sie abgezeichnet ist, zugleich mit einer andern kürzeren, die einen fremden weiblichen Namen zu enthalten scheint. Von der dritten hat die antiquarische Commißion vom Pfarrer des Orts Hrn. Bjørn Paulsen Nachricht bekommen. Sie besteht nur aus den Worten: Hier ruht Unneir (ein ungewöhnlicher aber wahrscheinlich sehr alter weiblicher Name.)

7) Ein alter Leichenstein, in Gestalt eines Hausdaches, zu Breidabolstad in selbigem District. Die alte Runenschrift ist von einem späteren Steinhauer verletzt, der eine viel jüngere mit lateinischen Buchstaben über eine ganz verschiedene Person zugesetzt hat. Der Stein ist von Henderson bemerkt worden l. c. II, 75. — Der Orts=Pfarrer Hr. John Hjaltalin hat eine Abschrift der Runen nach Kopenhagen geschickt. Davon kann man deutlich sehen daß sie eine Grabschrift über eine christliche Frau enthält. Sie war nehmlich „In

(oder zu) Gott eingeschlafen" und „im Frieden hingeschieden.

8) Auf dem ehemaligen **Modruvalla** Kloster (dem Sitze des Amtmanns über den nordlichen Theil der Insel) waren vor kurzem Bruchstücke eines Runensteines zu sehen; die Inschrift wird aber jezt für unleserlich ausgegeben.

9) Dagegen sieht man noch auf dem aufgehobenen Kloster zu Múka-þverá (o: dem Querflusse der Mönche) eine deutliche Grabschrift in Runen über eine Frauens Person, Wigdise Tochter des Arne (Vígdís A'rnadóttir) in altem ächt-katholischem Styl, der den Todestag (ártíd o: anniversaria, wegen der jährlichen Seelen- oder Gedächtniß-Messe für die Verstorbene) angiebt. Sie starb 2 Nächte vor dem Marienfeste; die Jahrzahl wird doch nicht genannt, wenn sie anders nicht vom Alter verwischt ist. — Die Abzeichnung dieser Runenschrift und mehrerer andern, hat der jezt weltbekannte Sprachforscher, Prof. Rask, von Island mitgebracht, und mir freundschaftlich mitgetheilt.

10) In der Kirche zu **Grenjadarstad** im Norder-Süssel (þingeyarsy'sla) steht ein steinernes Grabmal, in Form eines Sarges. Es

deckt die Gebeine der Sigride Rafns Tochter, eines Weibes „von sanfter Seele" um deren „gute Verhoffnung" der Gott des Friedens angerufen wird.

11) Von dem Kirchhofe zu Ljosavatn im selbigen District ist vor mehreren Jahren ein Leichenstein ausgegraben worden, mit der einfachen Inschrift: „Hier ruht Haldora, Tochter des Thorgils." S. Antiquar. Annal. III. 384.

12) Noch kürzer lautet doch die auf einem gleicherweise vom Kirchhofe zu Mula in derselbigen Probstey vor 27 Jahren aufgegrabenen Steine; sie besteht nur aus dem einzigen Wort Ingiridr (ɔ: Ingeride, ein alter bekannter weiblicher Nahme).

13) Vor kurzem ward auch auf dem Kirchhofe zu Höskuldstadir in Hunnavatns Süssel ein solcher Runenstein ausgegraben; doch hat er ehemals eines Priester Martins irdische Reste gedeckt.

14) Zu guter Letzt anführen wir noch (aus des Pfarrers Hrn. Sæmund Einarsons Berichte von den Alterthümern seines Kirchspiels) eine kurze Runenschrift von einem noch bestehenden heidnischen Grabmale. Bey dem Hofe Hrafnkelsstadir in Gullbringe-Süssel, in der Pfarre von Ut-

skálir und Kirkjuvogr an der südlichsten Spitze der Insel, und nicht sehr weit von Fleckuvík (s. No. 2) sieht man eine Grabstätte, die noch Hrafnkels (oder Rafnkels) Leidi (o: Rafnkels Grabmal) genannt wird. An zwey Seiten ist es von natürlichen Felsenmauern eingeschlossen; zwey andere Verzäunungen sind von Menschenhänden aus Steinen aufgeführt. In diesem viereckigten Todtenhofe sind mehrere große Steine unter einander geworfen, als ob ein altes Monument hier gewaltsamer Weise zerstört wäre. Doch steht der größte noch fest in der Mitte; er hat die Gestalt eines Kastens oder Kiste, und der Ort hat vielleicht diesem Umstande seinen andern Namen Kistugerdi (der Kistenhof) zu verdanken. — Die Richtung des Steines und des ganzen Todtenhofes geht von O. zu W. Bey dem ansehnlichsten Steine steht ein anderer geringerer Größe, mit diesem einzigen in Runen eingehauenen Worte:

ᚠᛁᚴᛁᛚᚨ

o: Fíkela, síkila oder síkula, ein Adverbium der alten Skaldensprache (siehe z. B. Hkr. III, 75) was man im Lateinischen ausdrücken könnte: violenter, raptim, acerbe, und scheint demnach die

Todesart des hieselbst begrabenen Mannes anzudeuten.

Von diesen 14 Isländischen Runensteinen sind 2 unbezweifelt aus der heidnischen, 1 aber (und wahrscheinlich mehrere) aus des Landes frühester christlichen (und zwar halbheidnischen Periode ꝏ: den ersten Jahren des eilften Jahrhunderts). Keiner von allen ist jünger als die evangelische Reformation.

Sachkundigen muß es unbegreiflich vorkommen, wie ein R u h s noch 1812 schreiben könnte: „Auf Island giebt es g a r k e i n e mit Runen bezeichnete Denkmäler" nachdem Olussens und Povelsens (hier unter No. 1 und 3 citirte) isländische Reisebeschreibung längst ausgekommen war, und noch dazu in Deutschen und Französischen Uebersetzungen erschienen! Mehr läßt es sich entschuldigen daß er dann so schrieb: „Kein einziges Denkmal mit runischen Charakteren kann auf das heidnische Zeitalter zurückgeführt werden" *) obgleich R a s k und andere das Gegentheil erwiesen hatten. Seitdem

---

*) D i e [jüngere] E d d a ꝛc. von F r i e d r i c h R u h s. Einleitung S. 39.

sind mehrere mit kurzen Runenschriften bezeichnete Steine in Norwegen (wie es aus Klüwers antiquarischen Reise erhellt) in Grabhügeln über Todtenurnen gefunden worden. Mehr von der Sache zu reden, verstattet jetzt die Gelegenheit nicht.

Mehrere alte Runenschriften auf Holz (in Thüren und Balken von alten Gebäuden u. s. w.) auch in die Wände verschiedener Felsenhölen eingegraben, sind noch in Island zu lesen; — doch enthalten sie meistens lauter Namen und Namenszüge der Besucher jener merkwürdigen Oerter.

Kopenhagen, mitten im Sommer 1824.

Appendix.

Der S. 16 No. 2 angeführte Thirsted=stein ist ein sehr gutes Specimen von Runensteinen; nicht als könne man ihn jetzt erklären; sondern gerade, weil er zeigt wie groß die Schwierigkeiten sind, und worin sie liegen. Es müssen ja doch die Runen etwas mysteriöses, unverständliches haben; und wenn man bedenkt, wie sehr unsere größten Runenmeister in der Deutung derselben von einander abweichen, wird es niemand Wunder nehmen, daß sie noch immer viel vom mysteriösen behalten. Ich werde es wenigstens darin besser machen, daß ich aufrichtig gestehe was mir unverständlich ist.

Die Inscription besteht aus 7 langen Zeilen, nebst einer kurzen in der Mitte, die alle von rechter zu linker Hand nach einander folgen, und von unten nach oben zu lesen sind. Diese Ordnung der

Zeilen, und die kurze in der Mitte, hat Worm nicht gekannt, aber doch gleich fertig alles gelesen. Bureus hat am ersten die Ordnung eingesehen, und Verelius hat demnach eine ganz andere Lesung und Erklärung gegeben (siehe seine Hervarars. S. 48.). Bartholin hat in seinen Antiquität. P. 439, man kan nicht sagen den Stein, sondern den Holzschnitt bey Worm, in Kupfer stechen lassen und Wort für Wort erklärt, und zwar anders als Verelius. Brocman endlich in der Saga von Ingwar Widfarne S. 197 liefert noch eine neue Deutung, ohne sich doch im mindesten auf die Gründe dafür einzulassen. Keiner von diesen Gelehrten hat wohl den Stein selbst gesehen, und erst auf der Zeichnung von Abildgård, die, in Kupfer gestochen, hiemit folgt, kommt die achte kurze Zeile zum Vorschein, die doch gerade in der Mitte steht. Die Inscription lautet jetzt nach dieser Zeichnung und nach dem Steine selbst ungefähr also:

Åsráðr auk Hildu(ugr)
ræisðu stæin þansi
æft Fróða frændi sinn
sinian. Hann vas þå fäink
uæir (a);

iann hann varᵹ dauðr á svä
þi auðu, auk vas furs(i)
ifvík, is iäþiðo allir víkíngar.

Die erſten drei Zeilen ſind klar, auch ſind ſie von allen faſt auf einerlei Art erklärt worden. Nur Bartholin wollte Hilduur, wie man vorher las, zu Haldor machen; man könnte dann die letzte Sylbe dórr leſen, weil das ᚺ dem ᚱ ſehr ähnlich ſieht, und dies würde zu Haldórr beſſer als zu Hildur paſſen, dieſer Nahme ſollte nemlich eigentlich Hildr heiſſen. Allein ich finde auf dem Steine von einem Querſtriche, der das I zu ł machen würde, nicht die geringſte Spur, dagegen ſcheint ein ſchräger und zwar ziemlich langer Strich von der Mitte des ᚺ nach dem obern Ende des ᚼ hinauf zu laufen; wenn er wirklich zu den Runen gehört, muß er ein mit dem ᚺ verbundenes ᚵ ausmachen, und dieſes g muß hier ſtatt gg (zu leſen ng) ſtehen. Der Nahme würde demnach Hilduungr heiſſen, doch iſt mir kein ſolcher Nahme bekannt. Hildurr, oder gewöhnlich Hildr, hingegen iſt ein alter Frauenzimmernahme, und dieſe Hilde kann entweder die Frau oder die Schweſter des Asrath geweſen ſeyn. Gleich im Anfange der

4ten Zeile findet sich eine noch gröſſere Schwierigkeit. Das Wort sinian, sihian, sigian oder wie man sonst lesen will, ist mir ganz unbekannt, nur scheint es mir ein Adjectiv zu seyn, und zwar im Acc. sing. masc. also in Apposition mit Fróđa, von der Præp. ælt (post) regiert, vermuthlich wie das deutsche: theuren, unvergeßlichen v. dergl. Das erste Punktum ist demnach wörtlich so zu übersetzen:

Asrath und Hilde (oder Hilduung)
errichteten diesen Stein
nach Frode ihrem (theuren od. seligen)
Verwandten.

Hann vas þā heißt ziemlich deutlich: „Er war dann"; nur was er dann eigentlich war, ist mir völlig unverständlich; vielleicht steckt eine mit Buchstaben ausgedrückte Zahl der Jahre seines Alters dahinter; wenigstens will mir gar kein Wort einfallen, das hier passen könnte. Nur so viel ist klar, daß der Satz mit der kleinen Zeile zu Ende ist: auch nehme ich den letzten Buchstaben auf der 4ten Zeile lieber für k als g, weil ein n vorhergeht; man findet aber nicht gewöhnlich auf den Runensteinen ng, sondern anstatt dessen nur g für gg nach griechischer Schreibart. Es wäre denn, daß mit diesem g ein neues Wort anfienge: dies ist aber wiederum nicht wahrscheinlich, weil es der letzte Buchstab auf der Zeile ist, und man doch eine neue Zeile zu Hülfe nehmen mußte. Die Zeichnung hatte zwar a am Ende der kurzen Zeile, den Querstrich finde ich aber auf dem Steine nicht, auch glaube ich nicht daß es eine wirkliche Rune sey, weil r finale vorangeht.

In dem Worte iann steht ia für e, und das einfache n für das doppelte, wie gewöhnlich; es ist also die gewöhnliche Conjunction enn. Aber Worm, der die kurze Zeile nicht kannte, las es mit den Buchstaben fainκ auf der 4ten zusammen und machte daraus fainginn, *acquisitus*; dies aber ist schon an und für sich wider die Rechtschreibung und die Art der Sprache, also ganz unmöglich, wenn auch die 5te Zeile nicht dazwischen käme. Hann varð dauðr heißt: „er wurde tod" d. i. er starb. A ist ohne allen Zweifel die Præpos. auf, an. worauf er aber dann starb, ist wieder sehr schwer zu bestimmen. Die meisten Dollmetscher lesen in einem Worte Svoþiauðu oder Suiþiauðu, welches sie durch Schweden übersetzen: damit scheint aber

1) die Præpos. nicht recht zu paſſen, ob man auch ſchon beym Snorre in der Ynglingas. Cap. 13. den Ausdruck á Svíþjód findet. 2) findet man ziemlich deutlich auf dem Steine Svå nicht Svi; und 3) þiauþu, nicht þjóðu; es iſt mir aber unbekannt, daß man jemals Schweden mit å oder o geſchrieben habe; auch iſt es ſonderbar, daß man þjauðu für þjóðu ſchreiben ſollte, da man doch ſchon auf der dritten Zeile Fróða und nicht Frauða geſchrieben hatte. Vielleicht lieſet man alſo richtiger in zwei Wörtern svåði auðu, das letztere wird dann ein Adj. in dat. sing. neutr. vom Nom. autt, auðr, auð, wüſte, öde, und Svåði wird Dat. sing. von einem Subst. neutr. generis, das ich aber nicht verſtehe, vielleicht iſt es ein jetzt unbekannter Ortsnahme geweſen. Der Sinn wird alſo:

Aber er ſtarb auf dem wüſten Svode.

Der nächſte Satz fängt an: auk vas d. h. „und war" alſo — noch eine Beſchreibung des Helden, die mir ebenfalls unerklärbar iſt. Vielleicht vas fur Sif-vík (oder Sifvígi) ɔ: præ-fuit Sifvík oder Sifvígi, wenn man ſo einen Ortsnahmen annehmen darf.

Vom letzten Satze iſt nur das Subjekt klar,

nemlich die zwei letzten Wörter allir víkingar, e. h. omnes piratæ, in nom. plur. In allir steht zwar nur ein l, aber das ist gewöhnlich. In víkingar für ng nur ein g, aber das ist für gg, und dies wiederum für ng, wie schon oben gesagt. Die Endungen ir und ar sind alle beide sehr deutlich, und finden sich einzig und allein im nom. plur. masc. von diesen Wörtern, es muß also nothwendigerweise ein Verbum in der 3 Pers. Plur. vorangehen, wahrscheinlich ist die Sylbe þo dessen Endung im Imperf. 3 Pers. plur. nur sieht man nicht wo es anfängt oder wie viele Buchstaben dazu gehören. Keiner von den Dollmetschern ist leichter davon gekommen als Brocmann: er liest: auk vas furs i Frikisio, þiþo allir víkingar und übersetzt ohne alle Umstände: „und wurde begraben in Frigge-see nach der Art (Sitte) aller Vikinge;" hätte er nur mit einem Wörtchen erwähnt in welcher Sprache in der Welt furs begraben, und þiðo, nach der Art, heiße, oder allir víkingar gen. plur. sey! Ich schließe den vorigen Satz mit vík oder vígi; denn das I kann doppelt gelesen werden, und dann ist meine Conjectur is játiþo für es játuðu zu lesen, e. h. „welches (alle Wikinge) anerkannten."

D

Man sieht aus alle diesem, daß wenig mehr als die Hälfte der Inschrift erklärbar ist; die größte Schwierigkeit entsteht daher, daß die Wörter gar nicht getrennt sind; man versteht ungefähr die Einrichtung der Sätze, aber viele von den einzelnen Ausdrücken sind undeutlich. Diejenigen die klar sind, werden alle wie im Isländischen gebogen, ausgenommen 1) þansi, diesen, welches eine auf Runensteinen in Dänemark gewöhnliche Anomalie ist, doch vom isl. þann mit Anhängung der Sylbe si gemacht. 2) Frændi für Frænda, Verwandten, doch zeigt das vorhergehende Fróða, welches richtig deklinirt ist, daß man hier eine Nachlässigkeit oder Schreibfehler annehmen muß; vielleicht ist der Platz für den Querstrich zu enge geworden. 3) Ein dritter Barbarismus oder Provincialismus, das jàþiðo, könnte auch sehr verbessert werden, wenn man das i in a veränderte, denn játaðo ist eine richtige alte Form anstatt des jetzigen isl. játuðu; man findet sonst auch das Imperf. von diesem Worte zusammengezogen in der 3 P. plur. játtu oder wohl játu.

Das Alter dieses Steines ist nicht leichten zu bestimmen als das übrige: das neueste was ich darüber gesehen habe, ist die Vermuthung, die Prof. **J. G.** Liliegren in seinem schätzbaren Aufsatze über die mit Runen geschriebenen Verse, geäussert hat; (siehe skand. Selskabs Skrifter 17 Bd. 396 in der Note) nähmlich daß unser Frode im Zuge des dänischen Prinzen Magni gegen König Erik den heiligen im Jahre 1160 in Schweden gefallen sey. Nur Schade daß er keinen andern Grund als den sehr mißlichen, daß der Frode á Svåþi auþu starb, für diese Vermuthung anführt. Könnte man solches mit Grund vermuthen, wäre schon viel gewonnen; aber es kann doch auch sonst jemand in Schweden (wenn Schweden da stünde) gestorben seyn, ohne gerade an jenem Zuge Theil genommen zu haben. Mir scheint der Tirstedstein weit älter zu seyn, sowohl wegen der Sprache als auch wegen des Wortes vikingar. Im Jahre 1160 waren wir schon fast zwei Jahrhunderte lang Christen gewesen, hatten die alten Vikinge wohl fast vergessen; und durch die Eroberung von England und Wenden war unsere Sprache sehr merklich verändert worden, wie man aus den alten Gesetzen ersieht. Im schonischen Gesetze z. B. findet man weder þansi, noch æst, noch vas, noch dauðr, noch stæin.

Ich würde daher, wenn ich eine Vermuthung über das Alter dieser schätzbaren Inschrift wagen sollte, wenigstens bis 1060 oder 1050 zurückgehen, vielleicht ist sie noch älter.

R. Rask.

Innhalt.

Nyerup's Verzeichniß der dänischen Runensteine   S. 5-31.

Thomsen's Verzeichniß der Runenmonumenten auf der dänischen Insel Bornholm   S. 31-34.

Magnusen's Verzeichniß der Runensteine auf Island   S. 34-42.

Rask's Beschreibung des Tirstedschen Stein, mit einem Kupfer   S. 43-52.

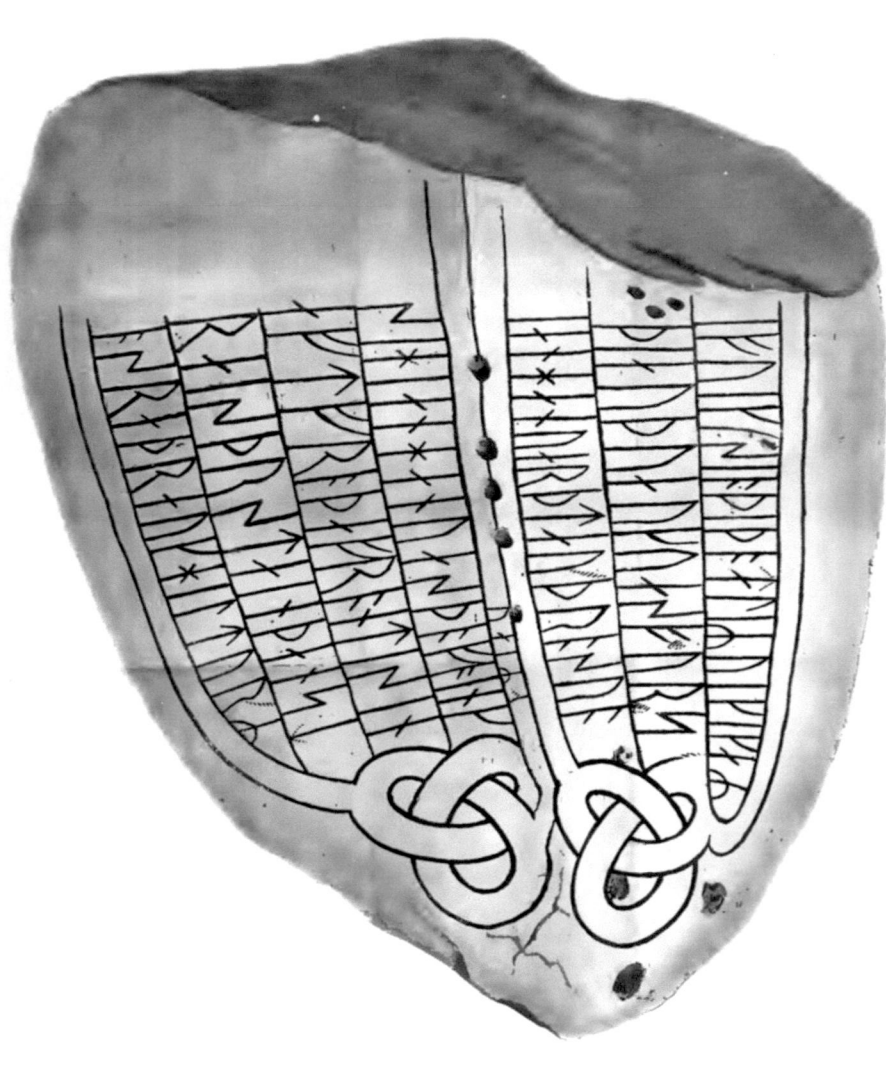